DON QUICHOTE CHEZ LA DUCHESSE,

BALLET COMIQUE EN TROIS ACTES;

Représenté pour la premiere fois par l'Académie Royale de Musique, le 12 Février 1743.

NOUVELLE ÉDITION.

Le prix est de 24 sols, avec la Musique.

A PARIS,
Chez N. B. DUCHESNE, Libraire, rue S. Jacques, au-dessous de la Fontaine S. Benoît, au Temple du Goût.

M. DCC. LX.
Avec Approbation & Privilége du Roi.

ACTEURS.

DON QUICHOTE.
SANCHO.
ALTISIDORE, *Suivante de la Duchesse*
UNE PAYSANNE.
CHASSEURS ET PASTRES.
SUIVANTES DE LA DUCHESSE.
DOMESTIQUES DE LA DUCHESSE,
Représentant,
MERLIN, } *Enchanteurs.*
MONTESINOS, }
AMANS ET AMANTES *enchantés.*
DÉMONS.
JAPONNOIS.
JAPONNOISES.

DON QUICHOTE
CHEZ
LA DUCHESSE,
BALLET COMIQUE.

ACTE PREMIER.

Le Théâtre représente une Forêt.

SCENE PREMIERE.

Bruit de chasse, SANCHO *poursuivi par un Ours.*

Au secours, au secours.
Un monstre en furie,
Veut trancher mes jours;
Fuyons, fuyons sa barbarie.

Au ſecours, au ſecours.

(*Apperccevant l'Ours.*)

Je le vois! ... Tout mon ſang ſe glace.
Ah! malheureux Sancho! ciel! où fuir? où courir?
Je vais périr.
Ah! la maudite chaſſe!

SCENE II.

DON QUICHOTE, SANCHO.

DON QUICHOTE, *tuant l'Ours.*

EXPIRE ſous mes coups, diſcourtois Enchanteur.
Mon bras au défaut du tonnerre,
De monſtres ſçait purger la terre.

SANCHO, *fierement.*

Tout cede à notre valeur.

SCENE III.

DON QUICHOTE, ALTISIDORE, SANCHO.

DON QUICHOTE, *à* ALTISIDORE.

J'AI vaincu le Géant; vivez, Altiſidore;
Jamais en vain on ne m'implore.

ALTISIDORE.

Un Géant !

SANCHO.

Ces Géans malins
A leur gré changent de figure ;
Un jour transformés en moulins,
Ils nous ont disputé l'honneur d'une aventure.

ALTISIDORE.

Pour ce triomphe, heureux vainqueur,
Non, ce n'est pas assez de ma reconnoissance.
(A part.)
Feignons, pour l'arrêter, une amoureuse ardeur.
(Haut.)
Un sentiment plus doux vous rend cher à mon cœur.

DON QUICHOTE.

La gloire d'un bienfait en est la récompense :
Adieu, je pars content.

ALTISIDORE & SANCHO.

Quoi ! { Vous quittez / Nous quittons } ces lieux !

DON QUICHOTE.

Je pars en Héros glorieux.

ALTISIDORE & SANCHO.

Quoi ! { Vous quittez / Nous quittons } ces lieux !

ALTISIDORE.

Où regnent les plaisirs;

SANCHO.

Où regne l'abondance?

DON QUICHOTE.

Je suis de mes exploits comptable à l'Univers;
Dans le sein du repos je ternirois ma gloire.
Non, non, je dois voler de victoire en victoire,
Les plaisirs sont pour moi plus honteux que les fers.
Je vais remplir ma destinée.

SANCHO.

Il n'est rien tel que de jouir.

DON QUICHOTE.

Je vais mériter Dulcinée.

ALTISIDORE, *tendrement.*

Eh! quoi! tout autre bien ne peut vous éblouir!

DON QUICHOTE.

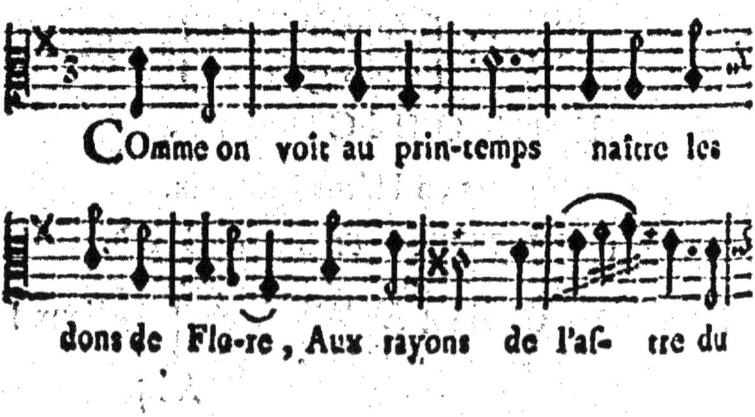

jour ; A l'af- pect des yeux que j'a- do-re, On
voit é- clo- re Le ten- dre A- mour : A l'af-
pect des yeux que j'a- do- re, On voit é-
clo- - - re Le ten- dre A- mour.
SANCHO.
D'un riche a- zur fa bouche é- cla-te ; Son
teint fait pâ- lir l'e- car- la-te ; Le co-
rail em-bellit fes yeux. De fon fein l'é-

ALTISIDORE.

Hélas ! que ſon ſort eſt heureux !

(A Don Quichote.)

Mais s'il faut en ce jour que le ciel nous sépare,
Du moins voyez les jeux
Que la Duchesse vous prépare.
Habitans de ces forêts,
Du vainqueur célébrez la gloire;
Son bras plus sûr que nos traits,
Remporte une illustre victoire.

SCENE IV.

DON QUICHOTE, ALTISIDORE, SANCHO, PASTRES.

CHŒUR.

CHANTONS tous
Un Héros indomptable,
Aussi vaillant qu'aimable;
Rien n'échape à ses coups.
Ce vainqueur
Est le rempart des Belles;
Et des Géans rebelles
Son bras est la terreur.
Dans nos bois,
Célébrons mille fois
Et son amour, & ses brillans exploits.
La beauté qui l'enflamme
Regne seule en son ame;
Il ne la vit jamais.

C'est la fleur des amans parfaits.
Chantons tous, &c.

(On danse.)

SANCHO.

(On danse.)

SCENE V.

Les Acteurs précédens, UNE PAYSANNE.

SANCHO, *à Don Quichote, appercevant la Paysanne.*

SEIGNEUR, ô favorable jour !
L'Infante Dulcinée arrive avec sa Cour.

ALTISIDORE & DON QUICHOTE.
L'Infante Dulcinée !

SANCHO, *bas à Altisidore.*
Il faut user d'adresse
Pour le fixer en ce séjour.
(*A la Paysanne*)
Recevez mon hommage, adorable Princesse.

LA PAYSANNE.

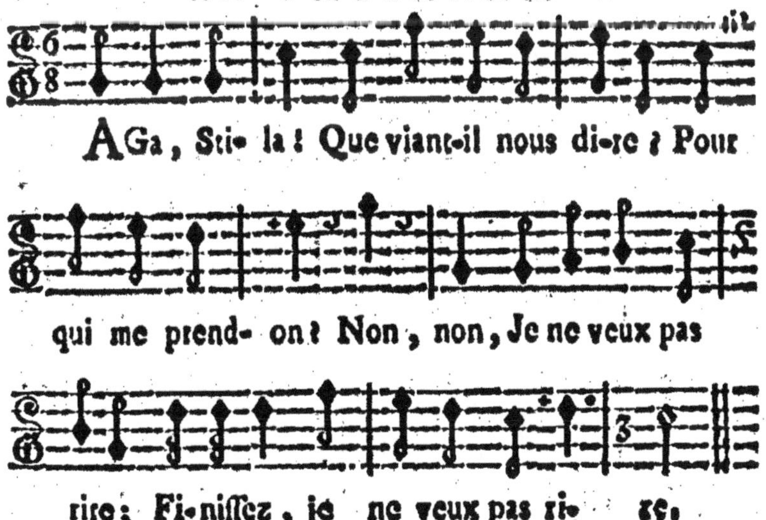

DON QUICHOTE.

C'est une villageoise !

SANCHO.

O ciel ! les Enchanteurs
A vos yeux cachent-ils ses charmes ?

DON QUICHOTE.

Quoi ! c'est l'objet divin à qui je rends les armes !

SANCHO.

Dulcinée enleve les cœurs.

SANCHO ET LE CHŒUR.

Son éclat éblouit, tout ressent son empire.

LA PAYSANNE.

Finissez, je ne veux pas rire.

ALTISIDORE.

Que d'attraits ! que d'esprit !
Malgré moi, je l'admire.
Ah ! mon cœur en soupire
De honte & de dépit.

LA PAYSANNE.

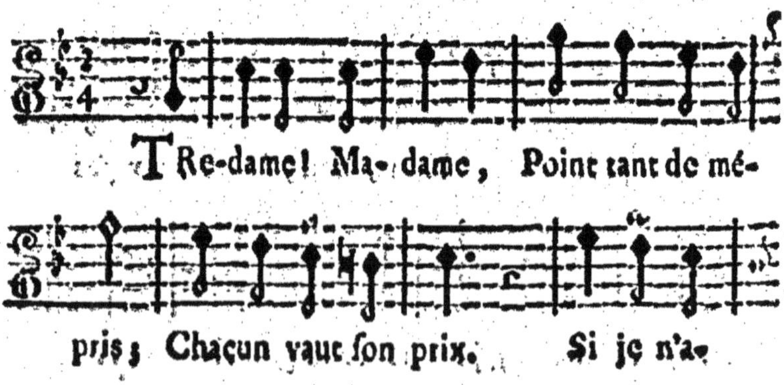

vons la peau si bian po- li- e, Si je n'a-
vons vos biaux at- traits, Les nôtres sont tout
comme on les a faits; Je ne sçais pas me
rendre plus jo- li- e. Sans avoir tant
de fa-vo- ris, Je trouvons à qui plaire;
C'est notre af- faire: Par- di, chacun vaut son
prix, chacun vaut son prix.

DON QUICHOTE, *se jettant aux genoux de la Paysanne.*

O miracle de la Nature !
Malgré l'effort d'un Enchanteur,
  Don Quichote vous jure
  Une éternelle ardeur.
Vous guidez mon bras & mon cœur,
Ce fer confondra l'imposture.

LA PAYSANNE.

DON QUICHOTE.

Vous fuyez ! ô douleur mortelle !
Je vous ſuivrai par-tout, cruelle.

SCENE VI.

MERLIN, DON QUICHOTE, SANCHO, ALTISIDORE, LE CHŒUR.

MERLIN, *à Don Quichote.*

ARRÊTE, tu pourſuis en vain
Une Princeſſe infortunée ;
Reconnois la voix de Merlin,
Va, chez Monteſinos, délivrer Dulcinée.
Mille coups redoublés ſur le brave Sancho,
Déſenchanteront cette Belle.
Eſpere tout d'un Écuyer fidéle,
Qui va faire éclater ſon zéle
Pour l'Infante du Tobozo.

SCENE

SCENE VII.

SANCHO, DON QUICHOTE, ALTISIDORE, LE CHŒUR.

SANCHO.

Nenni, nenni; ce n'eſt qu'un badinage :
Monſieur Merlin, chacun répond pour ſoi.

CHŒUR.

Quel honneur pour Sancho! quel brillant avantage!

DON QUICHOTE.

Mon ſort ne dépend que de toi.

SANCHO.

Bon! bon! ce n'eſt qu'un badinage.

DON QUICHOTE.

Une Iſle ſera ton partage.

SANCHO.

Quand vous me feriez Prince ou Roi,
En pareil cas, chacun répond pour ſoi.

DON QUICHOTE.

Mon bras va te punir d'un refus qui m'outrage.

SANCHO.

Aie, aie, aie.

ALTISIDORE, *retenant Don Quichote.*

Arrêtez.

SANCHO, *tremblant de peur.*

Qu'exigez-vous de moi ?

DON QUICHOTE.

Mon bonheur ſera ton ouvrage.

SANCHO.

J'enrage.

CHŒUR.

Quel honneur pour Sancho! quel brillant avantage!

Fin du premier Acte.

ACTE II.

Le Théâtre représente l'entrée de la caverne de MONTESINOS.

SCENE PREMIERE.

DON QUICHOTE.

SÉJOUR funeste, où regne la terreur;
Devenez, s'il se peut, plus redoutable encore;
Vous ne m'inspirez point d'horreur:
Vous renfermez la Beauté que j'adore.

SCENE II.

SANCHO, DON QUICHOTE.

SANCHO.

TOus vos malheurs vont prendre fin.
Je viens d'xécuter moi-même,

L'ordre inhumain
De Merlin.
J'en sens encore une douleur extrême.

DON QUICHOTE.

Ami Sancho, le succès est certain.

SCENE III.

ALTISIDORE, DON QUICHOTE, SANCHO.

ALTISIDORE.

Seigneur, quel dessein téméraire
Vous fait braver les horreurs du trépas?
Fuyez ces lieux.

DON QUICHOTE & SANCHO.

La gloire a pour {moi / nous} trop d'appas.

ALTISIDORE.

Arrêtez, arrêtez, je ne dois plus vous taire
Un feu trop longtemps combattu;
L'amour est foiblesse ou vertu,
Tout dépend du choix qu'on sçait faire.
La victoire & l'honneur illustrent votre bras;

Des rivages brillans, où ſe leve l'Aurore,
Le bruit de vos exploits m'attire en ces climats;
Et ſous le nom d'Altiſidore,
La Reine du Japon vous offre ſes États.

SANCHO.

Seigneur, ne les refuſons pas.

DON QUICHOTE.

Qu'entends-je! ô Reine infortunée!

ALTISIDORE.

N'expoſez point vos jours, oubliez Dulcinée.

DON QUICHOTE.

Qui peut oublier ſes appas?

SANCHO, *à Don Quichote.*

D'un vain eſpoir, votre grand cœur s'amuſe;
Vous perdez tout, ſongez-y bien.
Quelque choſe vaut mieux que rien.
Qui refuſe,
M'uſe;
Quelque choſe vaut mieux que rien.

ALTISIDORE.

PAr des con- quêtes nou- vel- les, L'Amour

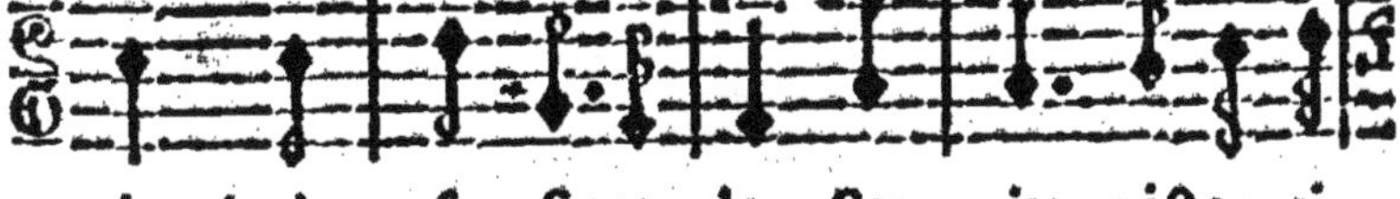

cherche à ſe ſigna- ler. Ses traits victo- rie

eux blessent les plus re- bel-les : Mais son flam-
beau, souvent loin de brû- ler, Ne produit que
des é- tin- cel- les ; Ce dieu ne
semble a-voir des aî-les, Que pour vo-
ler - - - - - - -
Que pour vo- ler A des conquêtes nou-
vel- les.

SANÇHO, *à Don Quichote.*

La Fortune à nous vient s'offrir,
Ne suivons plus une chimere :
Cette Princesse est votre affaire,
Il vaut mieux tenir que courir.

DON QUICHOTE.

Je ne serai jamais parjure.

ALTISIDORE.

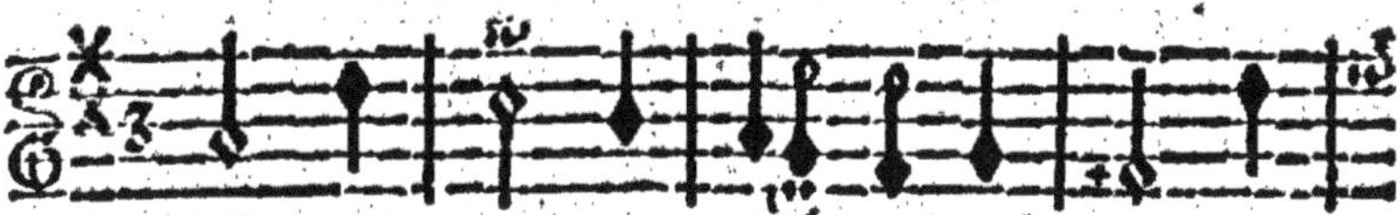

EH ! pourquoi rou- gir de chan-ger ? Tout

chan- ge dans la Na- tu- re. L'onde

nous dit, par son mur- mu- - - -

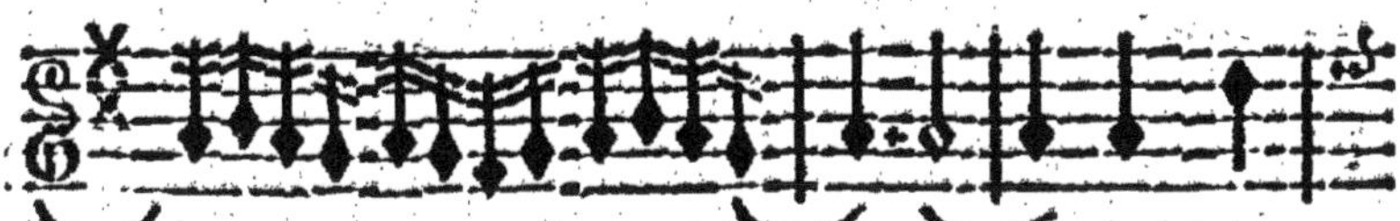

- - - - re, Qu'en

des sentiers nouveaux elle ai- me à s'enga-

DON QUICHOTE.

Non, rien ne peut me dégager.

ALTISIDORE.

C'en est assez, Ingrat; insulte à ma tendresse :
Mais, crains ma fureur vengeresse.
Que, jusqu'au tombeau,
La Lune gouverne
Toujours ton cerveau;
Qu'à tes yeux tout château
Se change en taverne;
Que l'on y berne
Ton Ecuyer Sancho,
Et périsse dans la caverne
Ton Infante du Toboso.

DON QUICHOTE.

Quelle fureur!

SANCHO.

Quel vertigo!

SCENE IV.

DON QUICHOTE, SANCHO.

DON QUICHOTE.

QUe je plains sa foiblesse! ... (*A Sancho.*) Achevons l'aventure.

SANCHO.

Je suis, pour vous servir, plein d'audace & d'ardeur.

(*Appercevant un Nain.*)
O Ciel ! Quelle horrible figure !
Sauvons-nous.

DON QUICHOTE.

Un Nain te fait peur !
Combats ce vil objet que ma valeur méprise.

SANCHO, *mourant de peur.*

Il n'appartient qu'à vous de finir l'entreprise :
A tout Seigneur,
Tout honneur.

DON QUICHOTE.

Lâche, que devient ton audace ?

SANCHO, *tirant son épée.*

Allons donc.... A bon chat, bon rat.
Mais quel charme nouveau m'arrête en cette place ?
L'Enchanteur ne veut pas que je sois du combat.

DON QUICHOTE.

Eh ! bien, ouvrons-nous un passage.
(*Des flammes s'opposent à Don Quichote ; & le Nain devient Géant.*)
Je trouve un ennemi digne de mon courage.

SANCHO, *épouvanté.*

Un vrai Géant ! C'est fait de nous.
(*Il allonge de grandes estocades en se reculant.*)
Ferme, Seigneur ; je suis à vous :
Point de quartier ; fort bien : nous avons l'avantage.

SCENE V.

MONTESINOS, AMANS ET AMANTES *enchantés*, DON QUICHOTE, SANCHO.

Le Géant disparoît au bruit du tonnerre, & le Theâtre représente l'intérieur de la caverne de Montesinos; on y voit une figure de Paysanne. Les Amans & les Amantes paroissent enchantés dans differentes attitudes.

(Symphonie qui annonce un désenchantement.)

MONTESINOS.

DON Quichote est vainqueur, un nouveau
jour me luit.
Amans, qui languissez dans un triste esclavage,
Renaissez, le charme est détruit.
(Les Amans & les Amantes s'animent au bruit d'une symphonie douce.)
A ce Héros rendez hommage.

CHŒUR *des Amans & des Amantes.*

Liberté, liberté.
A ce Héros rendons hommage;
Il triomphe & nous dégage
D'une affreuse captivité.
Liberté, liberté. *(On danse.)*

UNE AMANTE.

DE tous les amans du vieux temps, La constance é-

toit le parta- ge. L'Amour ne suit plus cet u-

sa-ge ; On ne voit plus de longs romans.

Ainsi que les preux Ama- dis, Don Quichote est

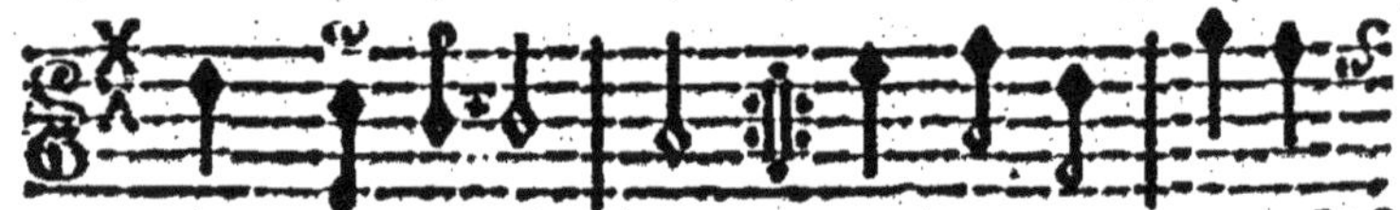

tendre & fi- de- le : Son cœur sen- sible sa-

se mo-dele Sur les A- mans du temps ja- dis.

(On danse.)

UNE AUTRE AMANTE.

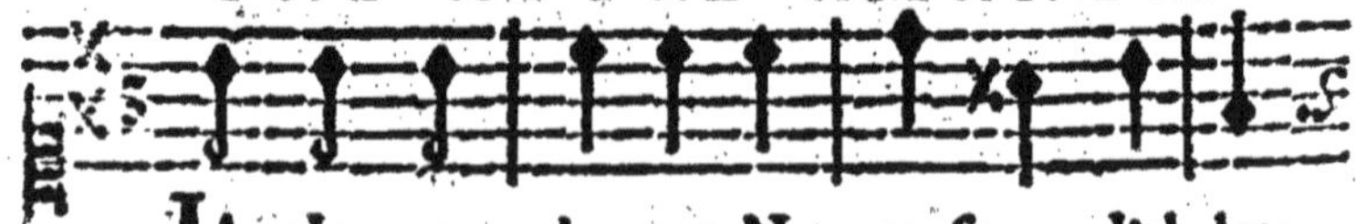

JAmais tes charmes Ne causent d'al- lar-

mes, Tendre Amour, doux vainqueur, Je te
livre mon cœur. Trop ai- mable enchan-
teur! Que ton ar- deur M'enflam- - -
- - - me. D'une douce lan-
gueur, Viens eny- vrer - - - - -
- - - - viens eny- vrer
mon a- me.

(On danse.)

DON QUICHOTE.

Vos jeux n'ont rien qui m'intéresse ;
Je n'y vois point l'objet de ma tendresse.

MERLIN.

Infortuné vainqueur, ton espoir est trahi ;
Sancho n'a point obéi.

DON QUICHOTE.

Il faut que le traître périsse.

MERLIN.

Laisse-moi le punir.

SANCHO, *à Don Quichote.*

Seigneur, ne croyez pas....

SCENE VI.

Les Acteurs précédens, DÉMONS.

MERLIN, *à Don Quichote.*

TOus ces Démons, au défaut de son bras,
Vont servir tes amours, & faire son supplice.
(*Aux Démons.*)
Qu'il frémisse,
Gémisse ;
Frappez, frappez fort ;
Qu'il tombe,
Succombe

Sous votre effort.
Frappez, frappez fort.
(*Les Démons battent Sancho.*)

CHŒUR DE DÉMONS.

Qu'il frémisse,
Gémisse,
Frappons, frappons fort;
Qu'il tombe,
Succombe
Sous notre effort.
Frappons, frappons fort.

SANCHO, *tombant sous les coups.*

A l'aide, je suis mort.

DON QUICHOTE.

D'où vient qu'en ce moment le charme dure encore?

SCENE VII.

Les Acteurs précédens, ALTISIDORE.

ALTISIDORE, *tenant une baguette magique à la main.*

INGRAT, connois Altisidore.
Accourez à ma voix, Ministres des Enfers,
Transportez Dulcinée au bout de l'Univers.
(*Des Démons enlevent la figure de la Paysanne.*)

Aux Enchanteurs, aux Démons, aux Amans & Amantes.
Fuyez, obéissez à mon pouvoir suprême.

SCENE VIII.

ALTISIDORE, DON QUICHOTE, SANCHO.

ALTISIDORE, *à Don Quichote.*

Je vais l'exercer sur toi-même;
(A Sancho.)
Prends la forme d'un Ours; & toi, d'un Singe affreux.
(Elle les touche de sa baguette.)

SANCHO.

Hélas! qu'ai-je fait, malheureux!

DON QUICHOTE.

Quelle rigueur extrême!

ALTISIDORE.

Vous seuls reconnoîtrez vos traits;
Allez, monstres nouveaux, errer dans les forêts.

Fin du second Acte.

ACTE

ACTE III.

Le Théâtre représente les Jardins de la DUCHESSE.

SCENE PREMIERE.

SUIVANTES DE LA DUCHESSE; *qui feignent de prendre Sancho pour un Singe*; SANCHO.

CHŒUR *des Suivantes de la Duchesse.*

LE gentil joli sapajou !
C'est un bijou.

SANCHO.

Je ne suis plus Sancho, fatale destinée !
Hélas ! je fuis, sans sçavoir où.

CHŒUR.

Le gentil joli sapajou !
C'est un bijou.

SANCHO.

Maudite soit la Dulcinée,
Dont mon maître est devenu fou.

CHŒUR.

Le gentil joli sapajou !
C'est un bijou.

UNE SUIVANTE *de la Duchesse.*

Voyons, voyons ce qu'il sçait faire :
Aimable Singe, approchez-vous :
Sautez, sautez ; il paroît assez doux.
Sautez pour Dulcinée.* Ah ! qu'il est en colere !

* *Sancho paroît en fureur au nom de Dulcinée.*

SCENE II.

Les Acteurs précédens, DON QUICHOTE.

CHŒUR, *appercevant Don Quichote.*

UN Ours en fureur vient à nous !
Fuyons tous.

DON QUICHOTE.

Que mon destin est déplorable !

CHŒUR.

Quel heurlement épouventable !

DON QUICHOTE.

Tout tremble à mon aspect !

CHŒUR.

Fuyons tous, fuyons tous.

SCENE III.

DON QUICHOTE, SANCHO.

DON QUICHOTE.

En vain l'Enfer me déclare la guerre :
Qu'Altisidore allume le tonnerre ;
Brillant Soleil de mes amours,
C'est vous que j'aimerai toujours.

SANCHO.

Voilà le fruit de votre ardeur constante.
Que m'importoit, hélas!
La liberté de votre Infante ?
Sur moi tous les Démons ont exercé leurs bras :
Pour comble de maux on m'enchante.

DON QUICHOTE.

N'aigris point mes douleurs.

SANCHO.

Pouvez-vous, sans remords,
Accabler de mépris la Reine des Pagodes,
Qui vient exprès des Antipodes,
Pour nous offrir son cœur & ses trésors ?

DON QUICHOTE.

Des Géans j'excite l'envie ;

Des Reines j'excite l'amour.
Tel est le destin de ma vie.

SANCHO.

Un trône offert mérite du retour.

DON QUICHOTE.

Je renonce au diadême,
S'il faut trahir ma foi.
La couronne est au Sort, mes vertus sont à moi :
Je ne devrai ma grandeur qu'à moi-même.

SANCHO.

Quel vain scrupule vous retient ?
Il faut aimer, quand on nous aime ;
Le plaisir est le bon systême ;
Prenez le temps comme il vient.

DON QUICHOTE.

Mais j'apperçois Altisidore.

SCENE IV.

DON QUICHOTE, ALTISIDORE, SANCHO.

DON QUICHOTE, *à Altisidore.*

AH ! rendez-moi la Beauté que j'adore.

ALTISIDORE.

Non, non, ne l'espere jamais ;
Je viens jouir de tes regrets.

SANCHO.

Permettez que pour moi du moins je vous implore.

ALTISIDORE.

Non, non, ne l'espere jamais.

DON QUICHOTE.

Si j'ai sauvé vos jours, quel prix de mes bienfaits !

ALTISIDORE.

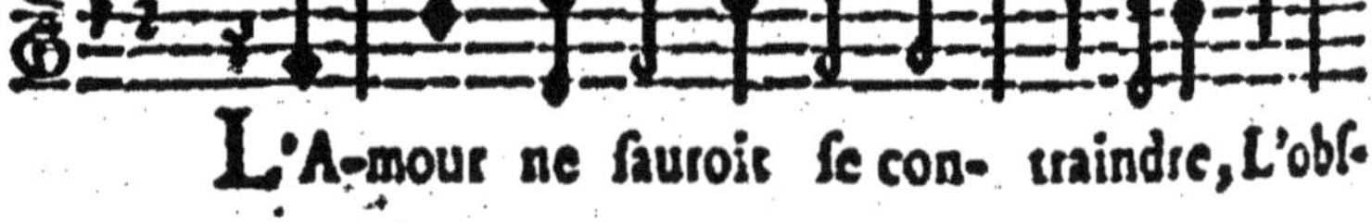

Vous allez habiter des déserts pleins d'horreur.

SANCHO.

Nous y mourrons de faim, de soif, & de frayeur.

DON QUICHOTE.

Mon amour m'y suivra.

SANCHO.

Fortune trop cruelle !

ALTISIDORE.

Vengeons-nous mieux d'un cœur rebelle.

(A Don Quichote.)

Crains pour l'objet de tes amours.

DON QUICHOTE.

En dût-elle périr, je l'aimerai toujours.

SANCHO.

Mais nous péririons avec elle;
Vous nous assassinez par votre amour constant :
Aimez la moins, puisque vous l'aimez tant.

ALTISIDORE, *feignant de la surprise.*

Ciel ! Merlin en ces lieux s'avance !

SCENE V.

MERLIN, DON QUICHOTE, ALTISIDORE, SANCHO.

MERLIN, *à Altisidore.*

CESSE d'opprimer l'innocence.
(Montrant Don Quichote.)
Contente-toi des maux qu'il a soufferts,
Et respecte un Héros utile à l'Univers.

(Il touche Don Quichote & Sancho de sa Baguette.)

ALTISIDORE.

Quel charme détruit ma puissance !

MERLIN.

Merlin protege les Héros.

SANCHO.

Monsieur Merlin, vous venez à propos ;
Mais ne me chargez plus des destins d'une Infante.

MERLIN, *à Don Quichote.*

Ta flamme sera triomphante.
Tu peux punir qui vouloit t'outrager :
Que l'ingrate à son tour gémisse.

DON QUICHOTE.

Ce n'est qu'en pardonnant que l'on sçait se venger,
Et les cœurs criminels renferment leur supplice.

ALTISIDORE.

Un trait si généreux me force à t'admirer ;
Mes yeux s'ouvrent enfin ; je vois mon injustice :
C'est à moi de la réparer.

ALTISIDORE, ET MERLIN.

Fidele amant, ta peine cesse,
Et ton amour triomphe après tant de combats :
Vas au Japon retrouver ta Princesse,

Avec cette Beauté, regne sur {mes / ses} États.
Merlin montre Altisidore.

DON QUICHOTE.

O bel Astre ! ce jour finit notre martyre.

MERLIN.

Calmons aussi le trouble de Sancho ;
Avec l'Isle qu'il désire,
Un jour il obtiendra l'Infante de Congo.

DON QUICHOTE.

On te donne une Infante, & j'obtiens un Empire ;
Rends grace à ma valeur.

SANCHO.

Tel maître, tel valet.
Si ma fortune est un peu mince,
Si je ne suis ni Roi ni Prince,
Je ne serai pas moins le fait
De ce rare & charmant objet.
La renommée
N'est que fumée ;
Tout ce qui reluit n'est pas or :
Mon cœur tout seul vaut un trésor.

ALTISIDORE, *à Don Quichote.*

Ma suite va vous rendre hommage :
Moi-même avec plaisir je suivrai votre loi.
Habitans du Japon, connoissez votre Roi ;
Chantez ses feux, célébrez son courage.

SCENE XVI. & *derniere.*

Les acteurs précédens, JAPONNOIS, JAPONNOISES.

CHŒUR.

CHANTONS ses feux, célébrons son courage :
Que la gloire de ses exploits
Vole d'âge en âge.
Qu'il regne & nous donne des loix.

UN JAPONNOIS.

même ex- pire L'Astre du jour. Par-tout ses

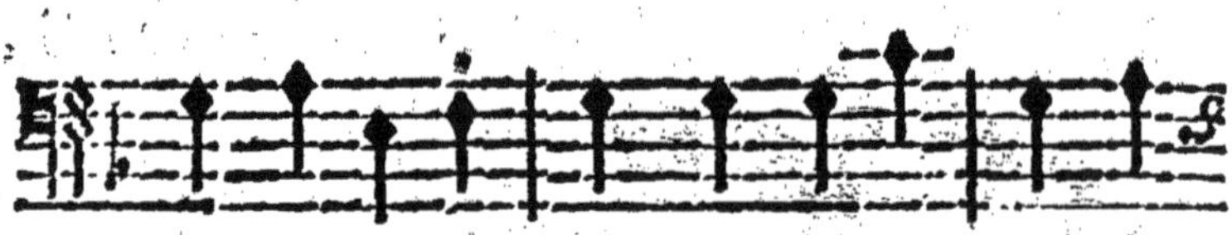

feux ne brillent pas : Mais l'Amour est de

tous cli- mats. Les ardens Chi-nois, Les Lappons

froids, Les Iro-quois, Tout brule sous ses loix.

(On danse.)

UNE JAPONNOISE.

VO- le, Amour, vole, vole, vo-

- - - - le, re- gne, sur nos

a- mes : Tu tri- omphes, tu nous en-
flammes, tu nous enflam- - - -
- - - - - - - mes
Par l'at- ten-te des plai-sirs. Vo-
le, Amour, vole, vole, ve- - -
- - - le, Amour, regne sur nos
a-mes : Tu tri- omphes, tu tri-

om- - - phes, tu nous enflam-
- - - - - -
- - mes, Vole, vole, tu nous en-
flam- - - - mes Par l'at-
ten- te des plai- sirs, Tu nous en-
flam- - - - mes Par l'at-
ten- te des plai- sirs. Fais du-

FIN.

Le Privilége général de toutes les Œuvres de M. Favart a été accordé le 27 Avril 1759, & a été enregistré le 16 Mai suivant à la Chambre Royale & Syndicale des Libraires & Imprimeurs de Paris, N°. 521. fol. 356.

Catalogue de Musiques nouvelles relatives aux Pieces de Théâtres & autres.

L'Amusement des Dames, ou Recueil de Menuets, Contre-Danses, Vaudevilles, Rondes de Table, 10 Parties,	12 l.
La Toilette de Vénus dressée par l'Amour, contenant des Menuets, Contre-Danses, Vaudevilles, 10 Parties,	12 l.
Le Passe-tems agréable & divertissant, Vaudevilles, Rondes de Table, Duo, Brunettes & autres, 10 Parties,	12 l.
Les Desserts des petits Soupers de Madame de... 10 Parties,	12 l.
L'Année Musicale, contenant un Recueil de jolis Airs, Parodies, en 10 Parties, formant 2 vol. *in-8°*.	24 l.
Les mille & une Bagatelles en 28 Parties,	33 l. 12 s.
Les Thémiréïdes, ou Recueil d'Airs à Thémire, 3 Parties, par M. l'Abbé de l'Attaignant,	3 l 12 s.
Amusemens champêtres, ou les Aventures de Cythere, Chansons nouvelles à danser, 2 Parties,	2 l. 8.
Recueils d'Airs & Menuets, Contre-Danses, Parodies chantés sur les Théâtres de l'Académie Royale de Musique, & de l'Opera-Com. 17 Parties, chaque Partie se vend séparément,	1 l. 4 s.
Recueil de Menuets, Contre-Danses & Vaudevilles chantés aux Comédies Françoise & Italienne, 13 parties.	15 l. 12 s.
Le Troc, Parodie des Troqueurs, avec toute la Musique,	3 l. 12 s.
Airs choisis des Troqueurs,	1 l. 4 s.
Ariettes du Médecin d'Amour,	2 l. 8 s.
Ariettes de l'Heureux Déguisement,	2 l. 8 s.
La Musique de la Pipée,	1 l. 10 s.
Ariettes de Blaise le Savetier,	1 l. 4 s.
Ariettes de l'Yvrogne corrigé,	1 l. 4 s.
Le Recueil de Chansons de Vadé, noté.	1 l. 4 s.
Le Dessert des petits Soupers agréables, ou le Postillon sans chagrin,	1 l. 4 s.
Ariettes de la Bohemienne de la Comédie Italienne, 2 parties.	3 l. 12 s.
Airs choisis de la Bohemienne de l'Opera Comique,	1 l. 4 s.
Ariettes du Chinois,	2 l. 8 s.
La Musique de la Fille mal gardée,	1 l. 16 s.
Vaudevilles & Ariettes des Indes dansantes,	1 l. 4 s.
Vaudevilles & Ariettes de Raton & Rosette,	1 l. 10 s.
Vaudevilles d'Omphale, & de Bastien & Bastienne,	1 l. 4 s.
Ariettes de Ninette à la Cour, 4 parties.	6 l. 18 s.
Musique de la Soirée des Boulevards,	1 l. 4 s.
Vaudevilles & Ariettes du Ballet des Savoyards,	1 l. 4 s.
La Folie du jour, ou les Portraits à la Mode, Vaudeville & Contre-Danse,	12 s.
Musique des Airs d'Acajou,	2 l. 8 s.
Musique des Nymphes de Diane,	2 l. 8 s.
Musique de Cythere assiegé,	1 l. 16 s.
Menuets nouveaux en Concerto, Contre-Danses, 4 parties.	4 l. 16 s.
Les Loix de l'Amour, ou Recueil de différents Airs, 3 parties.	3 l. 12 s.
Amusemens en Duo pour les Vielles, Musettes, Haut-bois, Violons, Flutes, en 6 parties,	7 l. 4 s.
Cantatille nouvelle des Talens à la mode, de M. de Boissi.	1 l. 4 s.
Choix de différents morceaux de Musique, 2 parties.	2 l. 8 s.
L'Yvrogne corrigé en partition, in fol.	9 liv.

Le volume se vend 12 livres, *& le cahier* 24 sols; *le tout, séparément.*

www.ingramcontent.com/pod-product-compliance
Ingram Content Group UK Ltd.
Pitfield, Milton Keynes, MK11 3LW, UK
UKHW032006260826
14628UKWH00005B/2314